Cornelia Haas · Ulrich Renz

Mon plus beau rêve

Min aller fineste drøm

Livre bilingue pour enfants

avec livre audio et vidéo en ligne

Traduction:

Martin Andler (français)

Werner Skalla, Jan Blomli, Petter Haaland Bergli (norvégien)

Livre audio et vidéo :

www.sefa-bilingual.com/bonus

Accès gratuit avec le mot de passe:

français: **BDFR1527**

norvégien: **BDNO2324**

Lulu n'arrive pas à s'endormir.
Tous les autres rêvent déjà – le
requin, l'éléphant, la petite
souris, le dragon, le kangourou,
le chevalier, le singe, le pilote.
Et le bébé lion. Même
Nounours a du mal à garder
ses yeux ouverts.

Eh Nounours, tu m'emmènes
dans ton rêve ?

Lulu får ikke sove. Alle andre
drømmer allerede – haien,
elefanten, den lille musa,
dragen, kenguruen, ridderen,
apen, piloten. Og løveungen. Til
og med bamsen kan nesten
ikke holde øynene åpne ...

Du bamse, kan du ta meg med
inn i drømmen din?

Tout de suite, voilà Lulu dans le pays des rêves des ours. Nounours attrape des poissons dans le lac Tagayumi. Et Lulu se demande qui peut bien vivre là-haut dans les arbres ?

Quand le rêve est fini, Lulu veut encore une aventure. Viens avec moi, allons voir le requin ! De quoi peut-il bien rêver ?

Og med det er Lulu allerede i bamsenes drømmeland. Bamsen fanger fisk i Tagayumisjøen. Og Lulu lurer på hvem som bor der oppe i trærne?
Når drømmen er over, vil Lulu oppleve enda mer. Bli med, vi skal hilse på haien! Hva drømmer han om?

Le requin joue à chat avec les poissons. Enfin, il a des amis ! Personne n'a peur de ses dents pointues.

Quand le rêve est fini, Lulu veut encore une aventure. Venez avec moi, allons voir l'éléphant ! De quoi peut-il bien rêver ?

Haien leker sisten med fiskene. Endelig har han venner! Ingen er redde for
de spisse tennene hans.

Når drømmen er over, vil Lulu oppleve enda mer. Bli med, vi skal hilse på
elefanten! Hva drømmer han om?

L'éléphant est léger comme une plume et il peut voler ! Dans un instant il va se poser dans la prairie céleste.

Quand le rêve est fini, Lulu veut encore une aventure. Venez avec moi, allons voir la petite souris. De quoi peut-elle bien rêver ?

Elefanten er lett som en fjær og kan fly! Snart lander han på skyene.
Når drømmen er over, vil Lulu oppleve enda mer. Bli med, vi skal hilse på
den lille musa! Hva drømmer hun om?

La petite souris visite la fête foraine. Ce qui lui plaît le plus, ce sont les montagnes russes.

Quand le rêve est fini, Lulu veut encore une aventure. Venez avec moi, allons voir le dragon. De quoi peut-il bien rêver ?

Den lille musa ser seg om på tivoli. Hun liker best berg- og dalbanen.
Når drømmen er over, vil Lulu oppleve enda mer. Bli med, vi skal hilse på
dragen! Hva drømmer han om?

Le dragon a soif à force de cracher le feu. Il voudrait boire tout le lac de limonade !

Quand le rêve est fini, Lulu veut encore une aventure. Venez avec moi, allons voir le kangourou. De quoi peut-il bien rêver ?

Dragen er tørst etter å ha sprutet ild. Helst vil han drikke opp hele sjøen med brus.

Når drømmen er over, vil Lulu oppleve enda mer. Bli med, vi skal hilse på kenguruen! Hva drømmer han om?

Le kangourou sautille dans la fabrique de bonbons et remplit sa poche.
Encore plus de ces bonbons bleus ! Et plus de sucettes ! Et du chocolat !
Quand le rêve est fini, Lulu veut encore une aventure. Venez avec moi,
allons voir le chevalier ! De quoi peut-il bien rêver ?

Kenguruen hopper gjennom godterifabrikken og stapper pungen sin full.
Enda flere av de blå dropsene! Og enda flere kjærlighet på pinne! Og
sjokolade!

Når drømmen er over, vil Lulu oppleve enda mer. Bli med, vi skal hilse på
ridderen! Hva drømmer han om?

Le chevalier a une bataille de gâteaux avec la princesse de ses rêves. Ouh-la-la, le gâteau à la crème a râté son but !

Quand le rêve est fini, Lulu veut encore une aventure. Venez avec moi, allons voir le singe ! De quoi peut-il bien rêver ?

Ridderen er i kakekrig mot drømmeprinsessen sin. Oi! Kremkaken
bommer!
Når drømmen er over, vil Lulu oppleve enda mer. Bli med, vi skal hilse på
apen! Hva drømmer han om?

Il a enfin neigé au pays des singes. Toute leur bande est en folie, et fait des bêtises.

Quand le rêve est fini, Lulu veut encore une aventure. Venez avec moi, allons voir le pilote ! Sur quel rêve a-t-il pu se poser ?

Endelig har snøen kommet til apelandet! Hele apegjengen er ute og gjør apestreker.

Når drømmen er over, vil Lulu oppleve enda mer. Bli med, vi skal hilse på piloten! I hvilken drøm har han landet?

Le pilote vole et vole. Jusqu'au bout du monde, et encore au delà,
jusqu'aux étoiles. Jamais aucun pilote ne l'avait fait.
Quand le rêve est fini, ils sont déjà tous très fatigués, et n'ont plus trop
envie d'aventures. Mais quand même, ils veulent encore voir le bébé lion.
De quoi peut-il bien rêver ?

Piloten flyr og flyr. Til verdens ende, og videre helt til stjernene. Ingen pilot har klart dette før ham.

Når drømmen er over, er alle veldig trøtte og vil ikke oppleve så mye mer.

Men løveungen vil de likevel hilse på. Hva drømmer han om?

Le bébé lion a le mal du pays, et voudrait retourner dans son lit bien chaud et douillet.

Et les autres aussi.

Et voilà que commence ...

Løveungen har hjemlengsel og vil tilbake til den varme, deilige senga si.

Det vil de andre også.

Og da begynner ...

... le plus beau rêve
de Lulu.

... Lulus
aller fineste drøm.

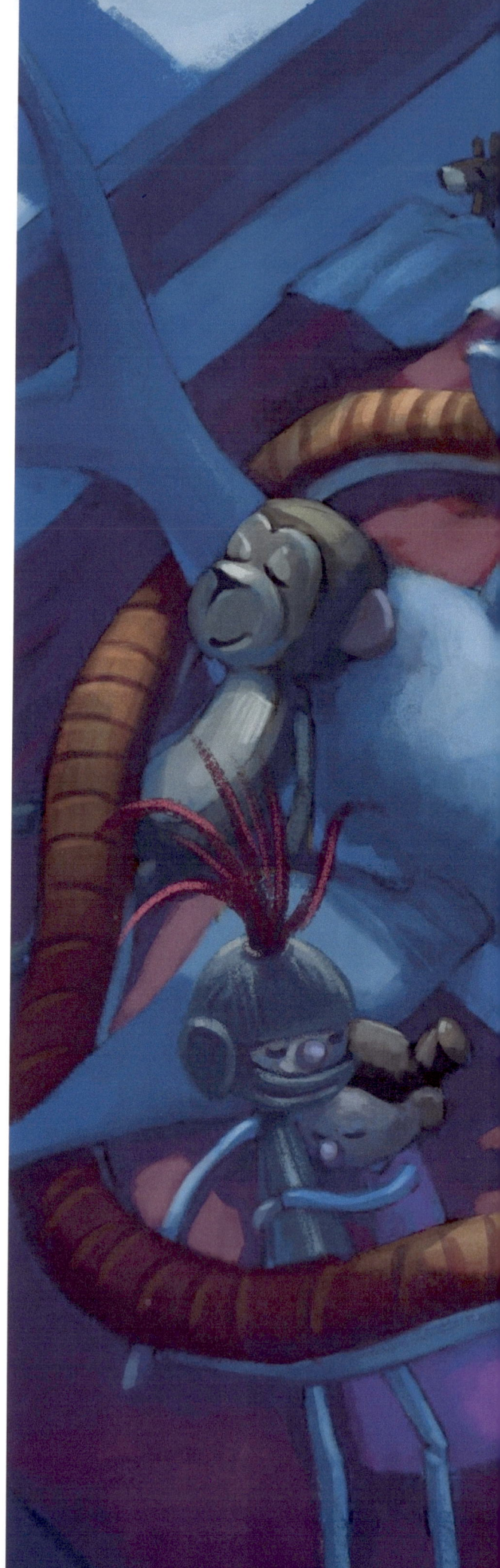

Les auteurs

Cornelia Haas est née en 1972 à Ichenhausen près d'Augsbourg. Après une formation en apprentissage de fabricant d'enseignes et de publicités lumineuses, elle a fait des études de design à l'université de sciences appliquées de Münster où elle a obtenu son diplôme. Depuis 2001, elle illustre des livres pour enfants et adolescents, depuis 2013, elle enseigne la peinture acrylique et numérique à la à l'université de sciences appliquées de Münster.

Ulrich Renz est né en 1960 à Stuttgart (Allemagne). Après des études de littérature française à Paris, il fait ses études de médecine à Lübeck, puis dirige une maison d'édition scientifique et médicale. Aujourd'hui, Renz écrit des essais et des livres pour enfants et adolescents.

Tu aimes dessiner ?

Voici les images de l'histoire à colorier :

www.sefa-bilingual.com/coloring

Dors bien, petit loup

À lire à partir de 2 ans

avec livre audio et vidéo en ligne

Tim ne peut pas s'endormir. Son petit loup n'est plus là ! Est-ce qu'il l'a oublié dehors ?
Tout seul, il part dans la nuit – et rencontre des compagnons inattendus ...

Disponible dans vos langues?

► Consultez notre „Assistant Langues" :

www.sefa-bilingual.com/languages

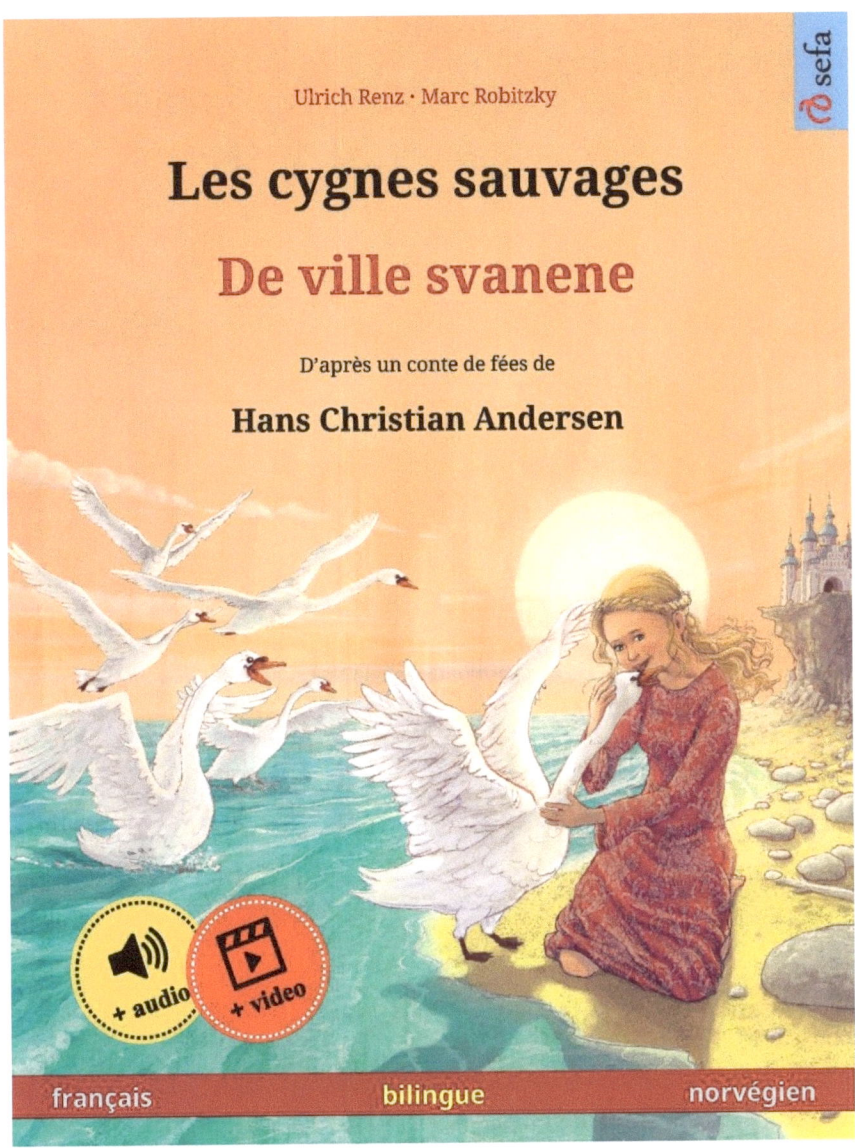

Ulrich Renz · Marc Robitzky

Les cygnes sauvages
De ville svanene

D'après un conte de fées de

Hans Christian Andersen

+ audio + video

français   bilingue   norvégien

Les cygnes sauvages

D'après un conte de fées de Hanș Christian Andersen

Âge de lecture : 4-5 ans et plus

„ Les cygnes sauvages », de Hans Christian Andersen, n'est pas pour rien un des contes de fées les plus populaires du monde entier. Dans un style intemporel, il aborde les thématiques du drame humain : peur, courage, amour, trahison, séparation et retrouvailles.

Disponible dans vos langues?

▶ Consultez notre „Assistant Langues" :

www.sefa-bilingual.com/languages

© 2024 by Sefa Verlag Kirsten Bödeker, Lübeck, Germany

www.sefa-verlag.de

Special thanks for his IT support to our son, Paul Bödeker, Freiburg, Germany

ISBN: 9783739962627

www.ingramcontent.com/pod-product-compliance
Lightning Source LLC
Chambersburg PA
CBHW041443120626

46547CB00002B/325